CARLISTES ET LIBÉRAUX

PRIX : 2 FRANCS

Au profit des Blessés Carlistes

On trouve cette Brochure

Chez l'Auteur, 84, rue d'Amsterdam

3ᵉ ÉDITION

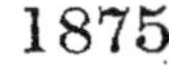

PARIS

TYPOGRAPHIE ET LITHOGRAPHIE Vᵉ RENOU, MAULDE ET COCK
144, Rue de Rivoli, 144

1875

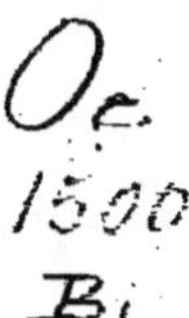

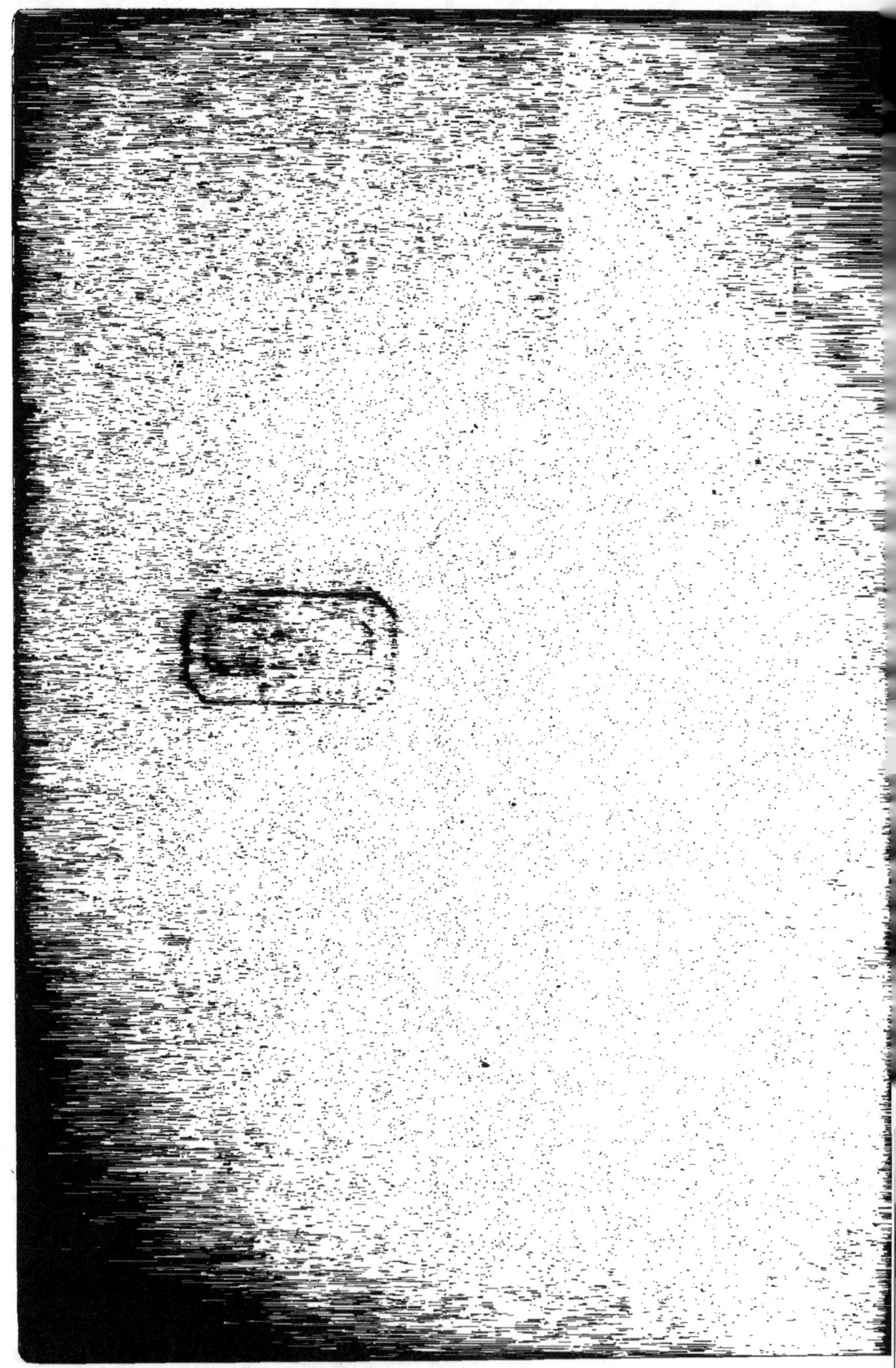

HOMMAGE

A L'AUGUSTE FONDATRICE

DE

L'ŒUVRE DE LA CARIDAD

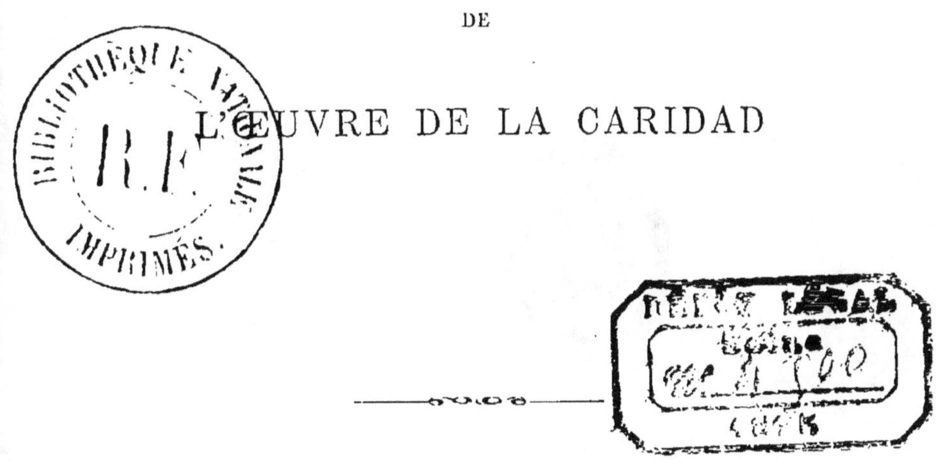

Cette troisième Édition comprend **Charles VII et Alphonse XII,
Carlistes et Libéraux, le Général Cabrera et les Carlistes** et une
IVe partie intitulée **Bilan et solde des Hommes de Madrid.**

CHARLES VII et ALPHONSE XII

Paris, 29 Janvier 1875.

I

Il y a deux documents auxquels nous avons négligé de répondre, l'un de la reine Isabelle, du mois de février 1869, l'autre du prince Alphonse, du 1er décembre 1874 ; le premier par respect pour une femme en exil, l'autre par indifférence et par lassitude.

Que la reine Isabelle, après la révolution de septembre 1868, révolution qui la chassa d'Espagne, elle et toute sa famille, se soit adressée à différentes reprises au peuple espagnol, rien de plus naturel ; que don Alphonse, son fils, ait lancé également un manifeste, cela n'a pas lieu de nous surprendre ; mais ce qui nous étonne, c'est le style de ces documents, l'esprit qui les dicte et les procédés qui les suivent.

Les incompatibilités flagrantes qui règnent entre les écrits et les actes de certains personnages, leurs constantes et fausses prétentions excitent notre fibre, et, par amour de la vérité autant que pour l'honneur du genre humain, nous ne saurions garder plus longtemps le silence, au risque même de nous répéter.

Répondre à ces écrits est une tâche difficile, si l'on veut y découvrir une idée politique et si l'on y cherche un programme. Les faits historiques y sont altérés, les lois infirmées ou confirmées, selon l'intérêt de la cause que l'on y plaide; de là des erreurs, des non-sens, des contradictions.

Dans son manifeste du mois de février 1869, Isabelle, reine constitutionnelle, prétend que *les Cortès de cette époque sont illégalement convoquées et que, grâce à des moyens violents et coupables, on est parvenu par la terreur à substituer une lâche et funeste tyrannie à la constitution que presque tous avaient jurée.*

Le 29 mars 1830, Ferdinand VII, désirant transmettre la couronne d'Espagne à sa fille Isabelle, au détriment de son frère don Carlos, contrairement à la loi de l'État, fit publier la soi-disant pragmatique saction de 1789.

Nul n'ignore que les Cortès de 1789 n'ont rien approuvé de semblable. L'auraient-elles voulu, qu'à ce moment-là elles étaient impuissantes à le faire, la loi ne pouvant avoir d'effet rétrospectif.

Cependant, le 20 juin 1830, Ferdinand VII convoqua les Cortès, afin qu'en vertu de ce soi-disant acte ci-dessus mentionné elles prêtassent serment de fidélité à Marie-Isabelle, aujourd'hui ex-reine d'Espagne; don Carlos, frère du roi et héritier légitime de la couronne, avait été exilé en Portugal, dans le but de lui ôter la possibilité de faire valoir ses droits et de s'opposer à cette mesure inqualifiable.

Est-ce légal ou illégal ?

Et veut-on oublier que Ferdinand VII, lui aussi, avait juré de respecter les lois du pays, et qu'il mourut ayant foulé aux pieds et la volonté de ses aïeux et celle de la nation?

La reine Isabelle se considère *comme l'héritière de Pélage et de saint Ferdinand.*

Et pourquoi pas de Philippe V, le premier des Bourbons en Espagne? Aurait-elle peur d'évoquer l'ombre de celui qui la condamne, la loi salique à la main, loi approuvée par les Cortès de la nation?

La Reine ajoute, toujours d'après son manifeste, *qu'elle veut garder intacts ses droits, que personne ne saurait la déposséder hors l'esprit des ténèbres.*

Mais n'est-elle pas devenue reine d'Espagne à la faveur de cet esprit?

Il y est dit également : *Le suffrage universel est une théorie aussi impraticable que son apparence est trompeuse.*

S'il en est ainsi, que deviennent alors les élections des députés aux Cortès, en présence d'un parti disposant de tous les rouages, de toutes les séductions gouvernementales et administratives de la nation et sous la pression de la force armée?

Qu'est-il permis de penser, lorsqu'on se pose *comme l'héritière de l'autorité légitime et constitutionnelle, héritage de cent rois consacré par cent générations?*

L'aveuglement est si grand qu'on nous fait même l'injure de croire à un oubli complet de l'histoire !

On se plaint de l'amertume qu'il y a *pour une fille des rois à manger le pain de l'exil, à gravir le seuil d'une maison étrangère et à vider la coupe de larmes et de fiel.*

Ah ! quelle différence de position entre la reine Isabelle riche et libre à Paris et Charles V pauvre et prisonnier à Bourges !...

Le règne passé doit avoir développé, assure-t-on, *les fruits précieux de la paix, le gouvernement sage, l'administration intègre.... On voudrait empêcher que l'on jetât à bas les temples de Jésus-Christ....*

Ce règne, dont on vante la gloire et les bienfaits, n'a-t-il pas été le règne des *pronunciamientos ?*

Sont-ce les fruits de la paix que l'on recueillait quand l'on fusillait les gens par centaines ?

N'a-t-on pas brûlé les églises et les couvents ?

N'a-t-on pas vendu jusqu'aux cloches de ces temples, objets de votre vénération, pour subvenir aux frais de la guerre civile que vous aviez allumée, autorisant ainsi les vôtres à verser le sang de ceux que vous appelez vos enfants ?

Isabelle la Catholique, que vous vous plaisez à citer, vendait son dernier joyau pour la découverte d'un nouveau monde ; votre générosité n'a servi qu'à alimenter les passions cupides de votre entourage sans cesse renouvelé, et votre détestable administration nous a mis presque à la veille de perdre la dernière parcelle de nos immenses possessions d'outre-mer.

Voici la gloire acquise par votre règne et que l'histoire enregistrera.

Un des signes caractéristiques de la grandeur d'une nation est le bon exemple que donne le souverain.

II

Au mois de décembre dernier, sous prétexte que la nation se trouvait dépourvue de tout droit public et indéfiniment privée de ses libertés, don Alphonse se déclarait l'unique représentant de la monarchie héréditaire, et ceci en vertu d'une abdication de sa mère, abdication nulle d'après les lois fondamentales de son origine, nulle de par la décision des Cortès de 1869 et nulle d'après les principes révolutionnaires approuvés et patronnés par la reine Isabelle et tous les siens.

Si le prince don Alphonse se fût borné à revendiquer, au nom de ces mêmes principes, les droits qu'il croit avoir à la couronne, en respectant toutefois le libre arbitre de la nation, sa jeunesse eût pu lui servir d'excuse; malheureusement le coup d'État du 31 décembre a dévoilé le conspirateur!

Et pourtant le manifeste a la hardiesse de nous dire : *Il n'y a pas à attendre que je décide rien par moi-même d'une façon arbitraire. Les princes espagnols n'ont jamais résolu les affaires difficiles de la nation sans Cortès, dans les temps anciens de la monarchie, et ce n'est pas moi qui oublierai cette juste règle de conduite dans ma conduite présente, alors que tous les Espagnols sont habitués aux procédés parlementaires...*

Quel cynisme! Est-ce avant ou après l'époque de Philippe V dont il s'agit? Si c'est après, nous venons de voir que les faits accomplis donnent à cette assertion le plus éclatant démenti, et la pensée seule du complot projeté aurait dû confondre, ce nous semble, une âme vierge encore de pareils procédés. Mais il est vrai que l'Espagne moderne est habituée à ces mœurs parlementaires et que *les classes honnêtes et laborieuses seront toujours victimes de sophismes perfides ou d'absurdes illusions.*

Le manifeste ajoute : *Par bonheur, la monarchie héréditaire et constitutionnelle possède, dans ses principes, la flexibilité nécessaire et toutes les conditions de certitude voulues pour que tous les problèmes inpliqués dans son rétablissement soient résolus conformément aux vœux et à la convenance de la nation....*

Les vœux de la nation s'expriment, d'après les principes que vous énoncez, par la voie du suffrage universel; et pourtant la reine Isabelle accuse les Cortès de 1869 *d'illégales, résultat d'une lâche et funeste tyrannie,* etc....

Veut-on nous indiquer à quel signe caractéristique il sera possible de reconnaître des Cortès légalement constituées, alors que pour les nommer on s'empare du pouvoir et de la force publique par la ruse et la corruption? Est-ce avec une armée de prétoriens que vous prétendez prouver votre *certitude,* votre *flexibilité?*

A Peralta, le 22 janvier, le prince don Alphonse, s'adressant aux nobles et loyales populations des pays basques et de la Navarre, s'exprimait en ces termes d'ineffable douceur : *Abandonnez les armes et vous verrez renaître la prospérité partout ; vous jouirez des libertés que vous aviez aux dernières années du règne de ma mère..... Avant de commencer la bataille, je vous offre la paix.....*

Ne soyez pas sourds à cette voix amie qui est celle de votre roi légitime.

La prospérité du règne d'Isabelle II, nous la connaissons par l'état de la dette en 1868; sa politique, par la situation de l'île de Cuba et par les six années qui viennent de s'écouler; les libertés publiques, par les trente *pronunciamientos* auxquels nous avons été soumis; la confiance que vous nous inspirez se mesure à celle que nous vous inspirons, et votre foi en nous est si chancelante que c'est à la tête de l'armée que vous prétendez nous imposer votre volonté.

Depuis dix-huit mois, Charles VII, roi d'Espagne de par le bon droit, tient en échec les forces de la révolution; grâce à cette attitude, du jour au lendemain, vous en devenez le chef. Nous combattons la révolution parce qu'elle est la ruine du pays; en vous mettant à sa tête, vous êtes devenu notre adversaire; vous êtes l'agresseur, et vous nous demandez de déposer les armes et vous venez nous offrir la paix!

Assez d'artifices, assez de blasphèmes!

Don Carlos dit avec raison :

La légitimité, c'est moi!

Appelé à anéantir la révolution dans notre patrie, je l'anéantirai, soit qu'elle affecte la férocité sauvage de l'impiété la plus effrontée, soit qu'elle s'abrite et se cache sous le manteau hypocrite d'une feinte piété.

Ma dignité, la dignité de mon armée ne permettent d'autres protestations que celle que formule, avec une irrésistible éloquence, la bouche de mes canons.

Et nous ajouterons : **Ou cessez d'être Bourbons, ou cessez de vous dire légitimes.**

Deux fois vous avez eu entre les mains les destinées du peuple espagnol, et deux fois votre insatiable ambition et votre orgueil insensé vous ont fait préférer la guerre civile à une noble et patriotique pacification.

Maintenant, consultez votre conscience, et vous verrez sur qui doit retomber le sang innocent qui sera encore versé !

Par des idées entièrement opposées à l'esprit traditionnel de la nation, le prince don Alphonse a pour lui toute l'Europe révolutionnaire et anticatholique. Soit par faux préjugés, soit par faiblesse ou par aveuglement, presque tous les cabinets ont reconnu le gouvernement de Serrano ; il faut avouer qu'ils n'ont pas fait preuve en cette circonstance de sagacité politique, car le duc de la Torre, porté au pouvoir le 3 janvier 1874 par un *pronunciamiento*, était renversé à la fin de l'année par un autre *pronunciamiento*.

Les bataillons qui chassaient en 1868 la reine Isabelle et son fils sont les mêmes qui proclament aujourd'hui Alphonse XII en interdisant à sa mère de l'accompagner... Et les puissances se hâtent de saluer ce pâle rayon de soleil !

Prince, général d'armée, aventurier heureux, vous qui vous moquez de l'honneur d'un peuple et qui n'avez nul souci de ses lois ni de ses libertés, le passé vous condamne ; votre pouvoir est éphémère, car tout édifice qui pèche par sa base ne tarde pas à s'effondrer.

CARLISTES ET LIBÉRAUX

1er Mars 1875.

I

Après avoir employé trois mois de préparatifs à l'exécution d'un nouveau plan pour réduire l'armée royale de don Carlos, le gouvernement de Madrid vient encore d'échouer dans sa tentative.

Ce dénouement est d'autant plus singulier que l'agence Havas et les correspondants de tous les journaux multicolores ont chanté durant plusieurs jours la défaite complète de l'armée carliste, la prise d'Estella (Navarre), celle d'Azpeytia (Guipuzcoa) ; ils ont même annoncé que les carlistes s'étaient retirés de Santa-Barbara, centre de leurs opérations, avec une telle vitesse qu'ils avaient abandonné treize canons entre les mains de l'ennemi.

Ces fausses nouvelles furent publiées du 2 au 8 février par les organes de la presse française les plus accrédités.

Cependant la force des choses contraignit ces mêmes organes à insérer l'ordre du jour annonçant la victoire de Lacar, que le journal officiel carliste le *Cuartel Real* avait relatée.

La Bruyère dit dans sa traduction de Théophraste :

Je vous avoue que ces diseurs de nouvelles m'étonnent, et

que je ne conçois pas quelle est la fin qu'ils se proposent, car pour ne rien dire de la bassesse qu'il y a à toujours mentir, je ne vois pas qu'ils puissent recueillir le moindre fruit de cette pratique.

Ceci était parfaitement juste en Grèce, du temps de Théophraste, mais de nos jours, depuis l'invention de l'imprimerie, certaines révélations faites devant les tribunaux et à la Chambre des députés ne nous laissent pas ignorer que ce commerce enrichit ceux qui le pratiquent.

Le 9, nous lisions encore dans un autre journal :

Correspondance de Guetaria, 6 Février.

Décidément les carlistes jouent de malheur cette semaine, après avoir été joués sur les bords de l'Orio par le général Loma, puis battus à plate couture sur le mont Indamendi, puis rebattus encore dans la ville même de Zumaya, par le brigadier Infanzon, ils viennent de se laisser rouler comme des écoliers, par Oviedo, sur la route de Tolosa.

Tous les points cités se trouvent dans la province de Guipuzcoa.

Ce correspondant poursuit son récit fantastique avec la satisfaction et le langage d'un homme profondément hostile à l'armée de don Carlos.

Mais en regard de cet article nous lisions, le surlendemain. 11 février, dans le même journal :

Il n'y a plus malheureusement d'illusion à conserver sur la portée de l'échec éprouvé par une partie des troupes du roi Alphonse XII dans leur marche de Pampelune sur Puenta la Reina et Estella (Navarre). Cet échec est grave, ainsi que le prouve la dépêche suivante reçue de notre correspondant particulier.

Saint-Sébastien, 7 Février.

Débordées par les forces qui ont renforcé les carlistes dans la journée d'hier, les troupes de Loma ont dû se replier brusquement sur Guetaria et Zarauz, puis repasser l'Orio et marcher finalement sur Hernani, au secours d'Oviedo, qu'on dit être dans une position périlleuse sur les montagnes de Brunxa-Mendi, qui dominent Andoain.

J'ai moi-même été forcé de fuir avec rapidité vers Saint-Sébastien, en suivant les crêtes du mont Igueldo.

Toute l'armée est concentrée dans Hernani.

Le lecteur se rend-il bien compte de la position dans laquelle devait se trouver l'armée libérale, lorsque ses correspondants étaient obligés de suivre *les crêtes des montagnes* pour fuir devant les carlistes qu'ils avaient *joués, battus et rebattus,* et que l'on avait *roulés* la veille *comme des écoliers ?*

Où avait-on donc imaginé cette fameuse dépêche du général en chef de l'armée du Nord au ministère de la guerre de Madrid, datée de Tafalla du 5 février et publiée le 7 à Paris, dépêche annonçant *que les carlistes avaient été contraints de se retirer sur Estella (Navarre), et qu'en Guipuzcoa le général Loma avait gagné une victoire décisive, après laquelle il avait été facile de détruire toutes les fabriques d'armes et établissements militaires d'Azpeytia, Placencia et Eybar ?*

Il ne paraît pas qu'en Navarre les correspondants aient été plus heureux et mieux renseignés qu'en Guipuzcoa, leurs relations particulières subissaient un retard extraordinaire que les événements vrais pouvaient seuls justifier.

Ainsi, les lettres communiquées régulièrement à une feuille parisienne, par un historiographe des hauts faits d'Alphonse XII, se trouvaient tout à coup interrompues, et le 17 seulement nous apportait une nouvelle relation datée du 6 février.

Nous nous sommes félicités de la résurrection de ce correspondant, dont le sort commençait à nous inquiéter, soit qu'il se fût hissé sur la crête des montagnes, soit qu'il ait cherché un refuge dans quelques *champs de roseaux.*

Ce correspondant s'attachait à nous faire ressentir toute la joie que les Espagnols démontraient à Alphonse XII, leur roi bien-aimé ! Or, dans sa dernière lettre, après avoir amoindri autant qu'il le pouvait l'avantage des *insurgés* à Lacar, il ajoutait :

Bien qu'il soit carliste enragé, le bourg de Puente la Reina reçoit le roi Alphonse XII avec force démonstrations. Il y a trois jours que don Carlos a couché ici, et je viens de voir son lit ; les mêmes illuminations servent pour Alphonse XII, les mêmes voix l'acclament. Chose étrange ! les prêtres que l'on prétend être les suppôts du carlisme et ses plus énergiques partisans, viennent dans chaque village saluer le roi, lui serrer la main, et lui offrir leurs hommages, etc.

Ce contraste que vous signaliez à Puente la Reina n'aurait-il pas existé à Barcelone, Valence, Saragosse, et même à Madrid?

En 1814 et en 1815, à Paris, n'avons-nous pas entendu deux fois tour à tour crier Noël ou poursuivre d'outrages deux souverains diamétralement opposés?

Le peuple est partout le même, un grand enfant, lequel, à ses heures d'ivresse, brise ou acclame sans raison l'objet qui se présente à sa vue.

L'expérience du passé est là, pour nous enseigner le peu de foi que l'on doit attacher aux ovations populaires.

Maintenant, il est avéré que l'armée libérale du Nord éprouva en Navarre, dans le deuxième corps d'armée, un échec qui lui coûta deux mille hommes, tant morts que blessés, un certain nombre de prisonniers, la perte de trois pièces de canon avec matériel et équipages, 150 caisses de munitions, et un butin immense en argent. A cet échec il faut ajouter la dispersion complète, sur les hauteurs de Garate, du corps d'armée opérant en Guipuzcoa, jointe à la fuite à grands renforts d'éperons de son général en chef Loma.

Pour noyer *ce petit échec*, une dépêche controuvée, ainsi conçue, est expédiée de Madrid :

Le général carliste Dorregaray, pour éviter d'être pris, s'est vu forcé, à Gandesa, d'abandonner ses troupes en débandade... Il est à remarquer que, d'après des télégrammes antérieurs, ce même général aurait fait sa soumission à Alphonse XII.

En même temps, des bruits de convenio avec ou sans don Carlos, sont propagés partout; les officiers carlistes traitent, font défection, se présentent à l'indulto et l'on considère comme positive l'intervention du Saint-Père dans les affaires d'Espagne, etc., etc.

Malheureux porteurs de rentes espagnoles, ne voyez-vous pas où va votre argent?

On peut vous appliquer l'adage :

Battus et satisfaits, car vous êtes aussi de ceux qui vous laissez embâter.

Or, dans l'espace de trois mois, les carlistes enregistrent :

La fameuse rencontre de Castellon de Ampurias (Catalogne) où le général Savalls bat le brigadier Moya, lui fait 130 prisonniers, parmi lesquels le brigadier lui-même et plusieurs autres chefs ; l'ennemi perd en outre 400 hommes morts ou blessés, deux canons Krupp, 800 fusils, 25 chevaux et des munitions en quantité.

Le 7 décembre, le général républicain Loma sort d'Hernani à la tête de 4,000 hommes, le 8 il est obligé d'augmenter considérablement ses forces, il prétend s'emparer de Tolosa (Guipuzcoa) ; le général carliste Egaña lui oppose une vive résistance, et Loma, blessé, rentre en désordre à Hernani, laissant 38 prisonniers parmi lesquels un capitaine, 200 blessés et une centaine d'hommes mis hors de combat.

Le 16 janvier, le général carliste don Rafael Tristany part de Mayo avec six bataillons, deux escadrons et deux pièces de canon de montagne ; il se dirige sur l'importante ville de Granollers, située à six lieues de Barcelone (Catalogne); le 17 au soir, il l'enlève d'assaut, infligeant à l'ennemi de nombreuses pertes ; parmi les blessés se trouvent un lieutenant-colonel, un chef de bataillon et un capitaine ; trente-deux prisonniers, trente chevaux, cent cinquante fusils, quinze caisses de munitions et beaucoup d'autres effets restent au pouvoir des carlistes.

Dans la province de Cuenca, au commencement de février, le général Alphonsiste Quesada est mis en déroute totale par le général Dorregaray, qui lui fait 150 prisonniers, lui prend deux cents chevaux et deux canons.

Enceinte d'une muraille flanquée de forts, la ville de Daroca (Aragon), défendue par le colonel Sancho, est enlevée d'assaut le 7 février par le brigadier carliste don Pascual Gamundi et le brigadier Boet.

Le colonel Sancho est fait prisonnier, ainsi qu'un autre officier supérieur, trois capitaines et une centaine de soldats ; cent quarante chevaux harnachés et un nombre égal de sabres et carabines Remington, un dépôt de munitions et une quantité d'effets de guerre demeurent entre les mains des vainqueurs. L'ennemi laisse plus de quarante morts et blessés, parmi lesquels beaucoup d'officiers. Ce succès ne coûte aux troupes carlistes que cinq morts et quinze blessés.

Nous devons ajouter, pour l'édification de l'opinion publique, que le colonel Sancho est celui qui fit fusiller les commandants carlistes de Nueras et Beredas, ne leur donnant pas même le temps de se confesser (1).

Nous mentionnerons en outre les quatre faits d'armes du mois de février :

L'un du général Tristany, près d'Igualada (province de Barcelone); l'autre du brigadier Moret à Prades (province de Tarragone); le troisième du général Dorregaray à Vistabella (Castellon de la Plana), où un bataillon alphonsiste et trois cents gardes nationaux sont faits prisonniers ; et le quatrième du général Valles qui vient de prendre récemment la ville de Mora (province de Tarragone), sur la droite de l'Ebre.

Voici comment on bat et rebat les insurgés et les brigands carlistes de l'autre côté des Pyrénées.

Cependant, ce n'est pas en se cachant *dans des repaires de voleurs* que les troupes royales sont entrées victorieuses à Tolosa, Berga, la Seo de Urgel, la Guardia, Igualada, Mataro. etc., etc.

Ces hommes qui, hier encore, conspiraient sourdement contre les lois de l'Etat, qui montaient au pouvoir grâce à un pronunciamiento, à une trahison ; ces hommes auxquels deux mois de

____

(1) Sancho condamné à la peine de mort vient d'être gracié par don Carlos ! Rendre le bien pour le mal, c'est ainsi que les carlistes exercent les représailles.

mystérieux manéges et d'arrêts d'exil n'ont pas suffi à faire sanctionner leurs actes par une assemblée de leur choix, que sont-ils donc ? Ces soldats qui, à Estella et à lrun, faisaient usage de la torche et du pétrole, et commettaient toute espèce de forfaits, comment doit-on les appeler?

Mais nous préférons citer le langage des carlistes, lorsqu'ils parlent de leurs ennemis, que de répondre à tous les sarcasmes, à toutes les infamies dont ils sont abreuvés.

Dans le rapport du général Mendiri concernant la bataille de Lacar, nous lisons :

J'ai assisté à plus de cent vingt faits d'armes durant ma longue carrière militaire, et jamais je n'ai vu autant de traits de courage qu'à cette dernière bataille. Il m'est impossible de peindre les actes de bravoure qui se sont produits hier, car les régiments des Asturies et de Valence passaient pour être les plus distingués de l'armée ennemie, pleins de valeur et d'abnégation. Honneur aux braves des deux camps qui ont succombé ! Je ne crois pas que les héros antiques aient poussé à un plus haut degré le mérite des actions guerrières que l'histoire a transmises.

II

Dès la fin de 1873, les provinces basco-navarraises deviennent un vrai cauchemar pour le gouvernement de Madrid et c'est alors que les carlistes commencent à s'organiser.

Du golfe de Valence dans la Méditerranée jusqu'au golfe de Gascogne dans l'Océan, entre l'Aragon et les Pyrénées, on peut dire que la population est généralement carliste d'opinion et la majeure partie l'est de cœur; mais où l'on rencontre le plus de sympathie pour la famille de Don Carlos, c'est dans les quatre provinces de l'extrême nord, Navarre, Guipuscoa, Biscaye et Alave.

Ces quatre provinces possèdent un avantage réel sur toute l'Espagne; elles le doivent à leurs fueros (priviléges) qu'elles ont pu conserver; leur constitution provinciale les rend presque indépendantes du reste de la Péninsule.

Ces priviléges ont cela de bon qu'ils resserrent les liens entre tous les habitants; on dirait qu'ils ne forment qu'une seule famille; la vie y est patriarcale, l'autorité paternelle respectée; les enfants professent un véritable culte pour leurs parents, les hommes marquants du pays y jouissent d'une grande influence et d'une grande considération; ajoutez à ces qualités essentielles un vif amour de Dieu et de la patrie, de la noblesse, de la fierté dans le caractère, et vous trouverez réunis dans les Basco-Navarrais les vertus solides qui font un peuple fort et un peuple heureux.

Quelles sont les conséquences de cette communauté de sentiments, de cette existence à part, de cette décentralisation propre aux seuls Basco-Navarrais?

C'est que, le jour où le gouvernement de Madrid a l'imprudence de les froisser dans l'usage de leurs droits, de leurs liber-

tés et de leurs prérogatives, ils se lèvent en masse pour les défen-
dre ; ils se groupent militairement, sous le commandement de
leurs chefs naturels ; leurs députés se constituent en junte (assemblée) et le gouvernement de Madrid, relégué et assiégé dans
les forteresses, n'a, contre eux, d'autre ressource que l'emploi du
canon.

Tels vous les avez vus en 1837, tels vous les retrouvez en
1875 ; leur fidélité est traditionnelle ; les générations succèdent
aux générations, mais chez eux la foi aux principes demeure
et survit à la mort. Aussi nous comprenons qu'un régime des-
potique ou révolutionnaire prise peu un tel peuple !

Cet état de choses explique la prompte organisation des
carlistes dans les provinces du nord, où Charles VII, au
milieu de ses Navarrais, est plus roi d'Espagne et plus en sûreté
que ne l'est aujourd'hui Alphonse XII à Madrid !

Le gouvernement connaissant à merveille la position parti-
culière des provinces basco-navarraises et leur formidable constitution, n'a négligé, depuis un an, aucun effort pour éteindre
ce volcan qui s'agrandit chaque jour et qui risque de l'en-
gloutir ; hommes, argent, rien n'est épargné ; les menaces les
plus atroces, les séductions les plus captieuses sont mises en
jeu pour réduire ces braves Navarrais ; mais leur fermeté est
inébranlable, et cette résistance obstinée laisse le temps aux
autres provinces de se préparer.

Que de fois n'a-t-on pas annoncé à l'Europe entière l'extermination des carlistes, et chaque fois on les voit reparaître plus redoutables, plus nombreux que jamais !

A Somorrostro, pendant le siége de Bilbao par les troupes de Don Carlos, l'armée républicaine devait déjà les écraser et en finir avec la guerre civile; néanmoins les républicains à Somorrostro sont battus trois fois ! et cette armée victorieuse, au lieu de poursuivre ses exploits, s'embarque aussitôt après la délivrance de Bilbao pour aller se porter sur l'Ebre !

Quelle singulière tactique ! comment se fait-il que cette armée, soi-disant triomphante, se trouvant à 5 ou 6 kilomètres de l'ennemi, recule à 20 ou 30 lieues en arrière, jusqu'aux environs de Logroño ?

Le 2 mai 1874, les troupes républicaines faisaient leur entrée à Bilbao, et vers le 10 juin le gros de l'armée quittait Logroño et se dirigeait sur Estella.

Le maréchal Concha avait le commandement en chef ; l'armée se composait de 40 mille hommes environ, avec 80 pièces de canon : le duc de la Torre s'était séparé du maréchal Concha à Bilbao pour retourner à Madrid ; à cette époque la conspiration alphonsiste était déjà très-avancée.

A son arrivée à Lodosa, le généralissime de l'armée du Nord annonce à tout le peuple qui vient à sa rencontre qu'il va tout détruire, tout exterminer, et que là où domine le royalisme il n'y laissera que des femmes et des vieillards pour pleurer sur les cendres de leurs foyers, de leurs maris et de leurs enfants ; que les champs seront dévastés, et que la désolation et la misère planeront partout. Et avec le mouvement sauvage d'un barbare, il lance son cheval au galop au miliéu de l'inoffensive population, laissant ainsi entrevoir la joie satanique qu'il éprouverait à fouler aux pieds cette vile multitude !

Le 17, l'armée républicaine débouche en face d'Estella où elle se croit certaine du succès : le général Dorregaray commande l'armée carliste.

Nous ne décrirons pas toutes les péripéties de cette mémorable bataille que l'obscurité seule de la nuit arrêta ; nous dirons seulement que, vers la fin de la journée, le général Mendiri, à la tête de sept bataillons carlistes, se porta sur Abarzuza, que défendait la brigade de chasseurs à pied du général Blanco ; après cinq ou six attaques infructueuses, les sept bataillons carlistes, la bayonnette baissée, emportèrent la position. Dans cette action, les bataillons d'Alcolea et Puerto-Rico furent détruits presque en entier

C'est à ce moment que les carlistes prennent l'offensive, et après avoir repoussé l'aile droite républicaine, au lieu de se laisser entraîner à la poursuite de Martinez Campos, les troupes du roi don Carlos se précipitent pleines d'enthousiasme, sur le centre de l'armée ennemie.

Alors les soldats du général Echagüe, démoralisés, lâchent pied à leur tour et trente-deux pièces de canon seraient tombées aux mains du vainqueur sans le manque de cavalerie ; le maréchal Concha, s'en apercevant, lance ses escadrons avec fureur, les carlistes sont obligés de s'arrêter ; mais ils ont le temps d'infliger aux cuirassiers et aux hussards blancs (hussards de Villa-Robledo) des pertes cruelles.

C'est à cet instant que le maréchal don Manuel Concha tombe blessé à mort en s'écriant :

Je meurs à l'avant-garde de l'armée ! Paroles dignes d'un vaillant soldat ; il était huit heures et demie du soir.

La mort du maréchal Concha est le signal de la retraite générale et la destruction des carlistes se voit encore ajournée.

Mais en effectuant leur retraite et pour mettre à exécution la proclamation incendiaire de leur chef, une quantité de villages furent brûlés par les forcenés de cette armée, aidés des vandales étrangers.

Quoi qu'il en soit, ces revers ne diminuent pas la suffisance du parti adverse.

La proclamation du général Zabala en donne la mesure.

Un passage de cet ordre du jour est ainsi conçu :

Les troupes qui ont exécuté avec succès la retraite d'Abarzuza doivent avoir une confiance absolue dans la victoire.

Cette phraséologie ampoulée et corruptrice, que l'on emploie aujourd'hui à tout propos et hors de propos, est le plus grand fléau de notre époque.

Quel est le mérite de cette retraite, en présence d'un ennemi qui n'a ni artillerie ni cavalerie ?

Quels prodiges de valeur cette armée a-t-elle réalisés pour qu'elle puisse avoir une confiance absolue dans la victoire ?

Seraient-ce par hasard les incendies qu'elle a allumés? Est-ce que l'armée républicaine n'était pas numériquement trois fois plus forte que l'armée royale?

Pour subjuguer les carlistes, l'armée libérale a toujours employé des forces très-supérieures, mais en dépit de ses nombreux bataillons elle a constamment échoué.

Les mouvements tournants lui ont donné un semblant de succès, mais l'immense ligne de troupes débordant le champ d'opérations de l'ennemi ne lui a nullement réussi ; la prudente habileté du maréchal Elio ne s'est jamais laissé prendre à cette stratégie.

Jusqu'à présent la tactique est du côté des carlistes, et nous allons voir qu'à Lacar la fin des opérations couronnera leurs efforts.

III

Pour faire lever le siége de Pampelune, les républico-alphonsistes vont porter leurs opérations combinées sur une étendue considérable, depuis Logroño jusqu'à Saint-Sébastien.

Du côté de Logroño les points objectifs sont Estella et Pampelune ; en regard de Saint-Sébastien, Tolosa, chef-lieu de la province de Guipuzcoa, où se trouvent les fabriques d'armes et les établissements militaires des carlistes.

Pour exécuter ce vaste plan les 40 ou 60 mille hommes dont se compose l'armée du Nord sont insuffisants ; on appelle une nouvelle levée et on augmente le matériel,

A Madrid les alphonsistes conspirent, et Serrano et son gouvernement n'ont d'autre préoccupation que d'étouffer l'insurrection carliste, bien persuadés que s'ils y arrivent, ils viendront facilement à bout des conspirateurs.

Les opérations dans le Guipuzcoa sont confiées au général Loma, celles de la Navarre au général Moriones secondé par Primo de Rivera ; le premier est alphonsiste, le second est républicain : entre ces deux généraux règne une sorte de rivalité, ce qui se voit malheureusement trop souvent en Espagne dans tous les partis.

Il y a des personnes qui regardent Loma comme plus capable que Moriones ; nous ne partageons pas cette opinion, d'autant que Loma, en voulant agir isolément, soit par des idées ambitieuses, soit par légèreté, fit preuve, le 7 et le 8 décembre, de peu de prévoyance dans son mouvement sur Tolosa.

Si le hasard avait favorisé son entreprise, Loma victorieux devenait maître de l'esprit de l'armée et Martinez Campos n'aurait probablement pas eu les prémices de la révolution qui allait s'accomplir.

Après ce premier échec du général Loma, des dissentiments éclatent entre les différents chefs de l'armée du Nord ; le maréchal Serrano se détermine alors à prendre de nouveau le commandement, et, vers la fin de décembre. les préparatifs une fois terminés, l'armée, qui ne s'élevait naguère qu'à 60 mille hommes et 80 pièces de canon, se trouve portée à plus de 100 mille hommes et 150 pièces de canon.

Arrivé à Logroño, le maréchal Serrano s'entend avec tous les chefs de corps et il se disposait à entrer en campagne quand une dépêche de Madrid vint l'informer du pronunciamiento de Martinez Campos, à Sagunte... Ses anciens amis avaient été plus vite que lui;... il était dépassé, il était joué!... Le duc de la Torre sonda le terrain et, reconnaissant que tout était miné, il prit le sage parti de s'exiler.

A la surprise causée par un tel événement succède l'inquiétude. On se regarde, on s'observe; l'esprit de révolte est au fond des cœurs, mais la crainte qu'inspire l'armée de don Carlos impose silence à tous; et Alphonse XII est proclamé roi d'Espagne par toute l'armée du Nord.

Le 9 janvier, le nouveau monarque se rend directement par mer à Barcelone, de là à Valence, puis à Madrid où il fait son entrée le 13; il va ensuite à Saragosse et le 22 janvier à Peralta, en Navarre, d'où il lance ses deux fameuses proclamations, l'une aux Basco-Navarrais et l'autre à l'armée du Nord, proclamations qui devaient produire un prestigieux effet !

Jusque-là tout semble couleur de rose à l'écolier de Sandhurst, à part quelques précautions prises durant le voyage, dont son inexpérience a peine à s'expliquer le but ! Nous voulons parler de la fameuse ligne d'éclaireurs échelonnée sur tout le parcours du chemin de fer de Valence à Madrid ; plus les wagons blindés d'avant-garde et d'arrière-garde servant de cortége au train royal !

N'importe ! don Alphonse est en Espagne, et bientôt il

finira par reconnaître que la conquête de son royaume con-
stitutionnel ne sera pas aussi facile que sa jeunesse le lui
promettait.

Voyant que la proclamation adressée aux Basco-Navarrais
ne produisait pas les résultats désirés, on se décida à entre-
prendre les opérations.

Le 30 janvier l'armée était réunie autour de Tafalla ;
Alphonse XII visitait l'hôpital militaire ; le corps d'armée de Moriones occupait les villages de Caredo, de San Martin et d'Ux ;
la brigade Despujols, qui faisait également partie de ce corps,
avait pris ses positions à Puejo et Artajona ; et le corps d'armée
de Primo de Rivera se trouvait entre Olite, Lérin et Tafalla.
Le général Loma, du côté de Saint-Sébastien avec le 3me corps,
allait commencer son mouvement.

A gauche, Primo de Rivera devait attaquer les carlistes de
flanc et leur barrer la route qui va d'Estella à Puente la Reina
en passant par Cirauqui ; la brigade Despujols devait prendre
Puente la Reina et pousser l'ennemi devant elle sur Pampelune,
pendant que Moriones, avec le reste du premier corps, opérerait
sur sa droite un mouvement tournant qui lui permettrait de
ravitailler Pampelune, réduite à la dernière extrémité, et
viendrait ensuite tomber sur les derrières de l'armée carliste
qui aurait de la peine à s'échapper. Le plan semblait parfaitement conçu, mais il fallait qu'il pût s'exécuter.

Laissons Moriones et Despujols, sur la gauche de l'Arga,
remplir chacun leur mission, le premier en avançant dans la

vallée d'Uncite vers les hauteurs de Monréal pour se rendre à Pampelune, le second se dirigeant sur Puente la Reina, et suivons, sur la droite de l'Arga, Primo de Rivera dont le corps d'armée est destiné à éprouver cette fois le courage des braves Basco-Navarrais.

En rappelant superficiellement la marche du maréchal Concha sur Estella, il ressort de notre récit, que les alphonsistes ne sont pas plus avancés aujourd'hui que les républicains ne l'étaient l'année dernière.

Lors de l'expédition du maréchal Concha sur Estella, l'armée républicaine venant de Lodosa et Lerin s'était fortifiée et concentrée à Larraga; le 25 juin 1874, les troupes étaient disposées en deux colonnes : la plus importante, où se trouvait le maréchal Concha avec le général Echagüe, se porta à gauche du côté d'Oteiza, sur les versants du mont Esquinzo : *Voici donc le mont Esquinzo où l'armée alphonsiste, après avoir été battue, ira chercher un refuge ;* la seconde, sous les ordres de Martinez Campos, prit à droite du côté de Lorca et de Cirauqui. Toute leur ligne d'opérations était occupée par de gros détachements d'artillerie et les troupes continuèrent ainsi leur marche jusqu'aux villages de Villatuerta, Lorca, Murillo, Lacar et Alloz sans que les carlistes leur opposassent la moindre résistance, sauf quelques coups de feu.

Les troupes carlistes, destinées à ralentir la marche de l'ennemi, se retiraient sur les positions qui leur avaient été indiquées à l'avance.

Donc, à peu de chose près, le corps d'armée de Primo de Rivera allait occuper avec la même facilité les points qu'avait suivis le 25 juin dernier le corps de Martinez Campos.

Par le fait de l'immense déploiement des forces libérales et par leurs mouvements stratégiques, les troupes de don Carlos se voient obligées de se replier pour couvrir Estella et de se concentrer entre Anorbé, Cirauqui et Maneru.

Telles étaient à peu près, le 3 février, les positions des deux armées.

Après avoir traversé l'Espagne en triomphateur de Barcelone à Tafalla, Alphonse XII arrive à Lorca et à Lacar et, au moment où il croit ceindre la couronne de lauriers, la scène change d'aspect, le ciel se rembrunit.

Le matin de ce jour le roi don Carlos se porte à Cirauqui ; il donne ordre lui-même au général Mendiri d'attaquer le village de Lacar, occupé par le régiment des Asturies, composé de 1,600 hommes, et celui de Valence qui avait le même effectif.

Laissons la parole au général Mendiri : *A onze heures du matin, je partais avec douze bataillons, suivant une route impraticable et laissant à Cirauqui, pour tenir tête à l'ennemi qui se trouvait sur le mont Cristobal, le brigadier Zalduendo avec trois bataillons et le colonel Echevarria avec le sien dans le fort Sainte-Lucie pour observer et faire face à la colonne Moriones. A trois heures et demie, je me trouvais caché à mille mètres de Lacar où, au fur et à mesure que les bataillons arrivaient, j'organisai quatre colonnes de trois bataillons chacune commandées par les brigadiers Perula, Valluerca, Cavero et le colonel don Celedonio Iturralde, qui était chargé de commencer l'attaque. J'avais ordonné au brigadier Argonz de concentrer les dix bataillons qu'il commandait dans le village de Murillo, afin de seconder l'attaque par le sud de la ville et aux régiments de cavalerie du roi, des croisés de Castille et à l'escadron des gardes de Sa Majesté de se porter sur le chemin d'Alloz, se cachant, et le plus près possible de la ville.*

Dès que le commandant d'artillerie eut placé ses huit canons en batterie, l'attaque eut lieu; il était quatre heures du soir.

Les bataillons carlistes se jettent sur l'ennemi; le carnage commence; on se bat corps à corps; deux régiments sont passés au fil de l'épée sous les yeux d'Alphonse XII et peu s'en faut que le jeune prince ne soit fait prisonnier! Le marquis de Valde-Espina, général de cavalerie, tombe comme la foudre dans le camp ennemi; rien ne peut lui résister; il sème la mort partout sur son passage; il traverse la mitraille comme s'il était invulnérable, il échappe miraculeusement aux plus grands dangers; un soldat tire sur lui en appuyant le bout de son fusil sur son épaule et la balle glisse sans l'atteindre. S. A. R. le comte de Bardi, frère de la reine Marguerite, qui est à ses côtés, se couvre de gloire. Valde-Espina veut modérer son ardeur et l'arrête par le bras: *Vous oubliez, général, dit le prince, que je m'appelle Henri de Bourbon!*

Des volumes seraient insuffisants à retracer les actes de courage et de dévouement qu'enfante cette terrible guerre civile. Princes, généraux, officiers, soldats, tous se conduisent en héros.

Adieu, les fameux plans ! Voici donc les brillantes victoires annoncées à l'avance par les libéraux qui se transforment en défaites ; le triple objectif que l'on se proposait va se réduire au simple ravitaillement de Pampelune, car le général Loma, lui aussi, est battu à son tour en Guipuzcoa, et de nouvelles opérations deviennent nécessaires pour s'emparer de Tolosa et d'Estella.

Si l'on tient à se pénétrer de l'impression morale produite sur l'armée libérale après cette affaire, il n'y a qu'à lire avec attention la dépêche d'Alphonse XII à son père :

Pampelune, 9 Février 1875.

J'ai subi toutes les péripéties de la guerre ; la leçon a été courte, mais je tâcherai de la mettre à profit.

En narrateur scrupuleux, nous ajouterons que le mouvement tournant du Carascal fait beaucoup d'honneur au premier corps d'armée de Moriones qui l'exécuta.

Les conseillers de l'entourage de don Alphonse, comprenant désormais les dangers qui environnent leur auguste pupille et craignant également pour leur propres intérêts, se hâtent de lui faire prendre le chemin de Madrid.

A Logroño où il s'arrête, Alphonse XII reçoit le grand cordon de Saint-Ferdinand de la main de l'homme qui le premier chassa d'Espagne Marie-Christine, sa grand'mère, alors régente, et se constituait régent à sa place.

De Logroño il va passer la nuit à Avila où il manque d'être asphyxié, l'ayuntamiento, par excès de soins, ayant eu la malencontreuse idée de faire placer dans sa chambre à coucher plusieurs braseros remplis de charbons enflammés pour combattre l'humidité. Enfin il revient à Madrid, et, au moment où il sort de la gare, on prétend qu'un homme du peuple s'étant glissé derrière les gardes civils, s'élance, un long couteau à la main, prêt à le frapper..... L'homme est aussitôt arrêté et don Alphonse, sautant sur son cheval, se dirige vers le palais. Cet incident ne fut remarqué que de quelques employés du chemin de fer et depuis lors on évita d'en parler.... Les avertissements de la Providence ne manquent point à don Alphonse ; elle lui crie : « Arrête! ne va pas plus loin... » Mais une mère ambitieuse lui crie : « Marche, marche, et l'enfant gravit les degrés du trône, pâle, meurtri, ensanglanté, effrayé de l'avenir et ne sachant sur qui s'appuyer.

Au mois de juin 1874, les carlistes se tenaient en Navarre sur la défensive, sans cavalerie et avec quelques canons ; maintenant ils ont un noyau de cavalerie et possèdent au moins cinquante canons ; aussi leurs ennemis sont-ils obligés d'avouer qu'ils ne se contentent plus de cette modeste attitude. Les voilà, disent-ils, *qui attaquent à leur tour et vigoureusement ; la brigade Barges pourrait en témoigner si elle existait encore. Ils attaquent Lacar en Navarre, Orio en Guipuzcoa,*

Daroca dans le centre, partout ils redoublent d'ardeur et, comme pour jeter un défi à ce jeune prince, dont la proclamation devait le réconcilier avec l'Espagne moderne, ils envoient quelques enfants perdus jusque sur l'Èbre pour fusiller le train royal au passsage...

Le gouvernement change actuellement de tactique ; il établit des camps retranchés. Primo de Rivera, avec le deuxième corps si rudement éprouvé à Lacar, s'installe sur le mont Esquinzo où il est en train de construire de véritables cabanes ; il réclame des madriers et des planches en quantité, on prétend qu'il va y élever une nouvelle Santa-Fé comme au siége de Grenade, en 1491. Combien de temps compte-t-il y rester ? s'il ne craint pas les carlistes, n'a-t-il pas à redouter le froid et les pluies ?

Les Basco-Navarrais ont déjà payé largement leur tribut ; la Catalogne, la Castille, Valence et l'Aragon, dont les armées sont presque organisées, tendront bientôt les mains à leurs vaillantes sœurs des provinces du Nord et, par un plan d'ensemble, de même qu'aux temps des Maures, elles repousseront l'armée libérale jusqu'à la Méditerranée.

Nous ne sommes plus en 1833 où, avec des mots d'obscurantisme, de prêtraille et d'inquisition, on jetait l'épouvante parmi les gens naïfs ; depuis quarante ans l'Espagne voit à l'œuvre ces mêmes hommes qui, sous prétexte de libéralisme et de progrès, ruinent et déshonorent le pays.

La guerre civile à l'état latent ou à l'état actif dure

depuis quarante ans et la répression des gouvernements usurpateurs est impuissante à y mettre un terme ; *ils n'y parviendront jamais ! L'Espagne ne recouvrera la paix que par le triomphe du droit et l'avénement de don Carlos.*

Actuellement le développement des voies de communication, la vapeur et l'électricité placent tous les peuples en contact continuel ; leurs relations se multiplient, leurs intérêts se confondent et la solidarité mutuelle grandit; aussi la responsabilité des gouvernements devient-elle chaque jour plus grave. On ne peut porter atteinte à une nation sans que les autres nations n'en subissent les conséquences, et si l'on ne veut pas encourir le blâme de la postérité en arrêtant la marche du progrès et de la civilisation, il est temps d'enrayer le mal et de reconnaître hautement le principe *du droit primant la force* et non la force le droit, sans cela nous retournons à la barbarie.

LE GÉNÉRAL CABRERA ET LES CARLISTES

19 Mars 1875.

Pendant que cette brochure était sous presse, un fait inouï, un acte odieux s'accomplissait.....

Le général Cabrera, le comte de Morella, le marquis del Ter, le héros du Maestrazgo, le fidèle défenseur de la légitimité, l'homme que Charles V et Charles VI honoraient de toute leur confiance et que l'on croyait à juste titre le plus ferme soutien de la dynastie ; ce général couvert de gloire et comblé de faveurs vient de renier...... non...... plus encore...... vient de trahir son roi !.....

Le général Cabrera prétend que dans l'accomplissement de cet acte il obéit à un sentiment chrétien et patriotique ; mais l'opinion publique, qui ne s'y trompe pas, n'y a vu d'autres mobiles que l'orgueil, l'amour-propre blessé, le désir de la vengeance !.....

Le caractère du général Cabrera se montre à nu dans ses propres paroles :

En reconnaissant, dit-il, *don Alphonse XII pour roi, je dépose entre ses mains, pour qu'il le garde et l'honore, le drapeau que j'ai toujours défendu et qui porte inscrits les principes sacrés de notre sainte cause.*

Mais ici, qui est le roi?..... est-ce l'étudiant de Tortosa ou le petit-fils de Charles V ?

Le roi Charles VII lui même-voudrait accomplir un tel acte qu'il ne le pourrait pas : ce serait mentir à son origine, et, s'il le faisait, le drapeau de la légitimité s'échapperait violemment de ses mains !.....

Le général Cabrera fait appel à notre raison et à nos sentiments en nous donnant l'exemple : *si vous m'imitez,* ajoute-t-il, *vous ferez une grande chose, car vous obéirez à la voix du patriotisme qui met la paix par-dessus tout, sinon notre bannière sera déchirée, vous resterez avec le roi, moi je me rangerai du côté de Dieu et de la Patrie.*

Est-ce par de semblables moyens que vous obtiendrez la paix?..... Vous n'arriverez à créer qu'un nouveau parti en Espagne, si toutefois vous avez un parti?

Oui, — nous resterons avec le roi...., car vous ne nous ferez jamais croire, malgré votre sophisme, que Dieu et la Patrie soient avec un roi usurpateur et un roi conspirateur !

En traçant ces lignes nous accomplissons un devoir pénible, notre cœur saigne de douleur; hier encore vous étiez, ainsi que vous le dites, notre ami, notre camarade, notre frère; pour quelques-uns vous étiez une idole; pour le plus grand nombre, le premier des carlistes, et pour tous notre général. Mais aujourd'hui vous êtes devenu notre ennemi !.....

Si tous les carlistes, soldats et généraux, se pénètrent bien que leur force est dans l'union et qu'une grande subordination fait une grande armée, Dieu et la Patrie seront avec eux et, grâce à nos principes et à la mise en pratique de ces préceptes, l'Espagne verra renaître la paix et notre bannière victorieuse sortira pure du combat : sinon, la vie en exil est préférable à forfaire à l'honneur.

La preuve évidente de la faiblesse du gouvernement de Madrid ressort clairement de cet acte unique, sans précédents dans l'histoire ; acte qui doit donner matière à réflexion aux cabinets européens.

En effet, comment un gouvernement peut-il conclure un traité, comprenant l'armée de don Carlos, avec un simple général, sans commandement, habitant l'étranger et de plus démissionnaire ?

Pauvre Espagne, triste prince et triste général !...

BILAN ET SOLDE DES HOMMES DE MADRID

Paris, 1er Juin 1875.

Cinq mois d'apprêts, et le Gouvernement de Madrid entre dans la période électorale, les hommes d'élite sont à leur poste, le succès ne saurait être douteux !

Le préambule du décret du 18 mai 1875, rendu sur la proposition du cabinet présidé par M. Canovas del Castillo concernant la presse, débute en ces termes :

La situation fâcheuse des affaires lors de l'avénement d'Alphonse XII n'a pas permis au Gouvernement d'accomplir jusqu'ici les promesses du manifeste du 1er décembre 1874 ; il s'est vu obligé d'imposer silence aux passions et de placer toute la presse, sans distinction d'opinions, sous le règne le plus sévère.....

Voici ce que l'on appelle *posséder dans ses principes la flexibilité nécessaire et toutes les conditions de certitude voulues pour que tous les problèmes impliqués dans le rétablissement de la monarchie héréditaire et constitutionnelle soient résolus conformément aux vœux et à la convenance de la nation.*

En outre, l'article 2 de ce décret est ainsi conçu :

Les autorités accorderont la permission de tenir des réunions aux parties LÉGALEMENT RECONNUES *qui en feront la demande?*

Voici également ce que l'on appelle *rendre à la nation son droit public et ses libertés!*

Le préambule que nous venons de citer ajoute encore :

Depuis le 1ᵉʳ janvier, l'autorité royale est consolidée. Alphonse XII s'est fait reconnaître par toutes les nations européennes..... Pampelune a été débloquée, l'armée a reçu des renforts..... Alphonse XII a été reconnu par Cabrera et par un grand nombre d'officiers et de soldats qui servaient la cause de don Carlos. L'affaiblissement des bandes carlistes, la désorganisation qui s'est manifestée dans leurs rangs, etc., etc.

Voici notre réponse à ces assertions officielles :

(Source Carliste).   *« Hendaye, 24 mai, midi.*

« L'ennemi a abandonné plusieurs positions importantes. Il se retire, en ce moment, d'Orio. Nos volontaires le poursuivent activement et de très-près, en lui faisant subir de grandes pertes. »

Ce gouvernement, qui devait être un gouvernement modèle, ne se soutient que par la complicité de la démagogie européenne; chez lui tout est faux!

Les dépêches les plus importantes de la guerre? mensonges! Les défections carlistes? inventions! Les progrès cabréristes? le comble du ridicule! Le payement de la dette? un vrai leurre! La réunion des Cortès? la farce la plus grotesque!!

Les excès déplorables de Gratz contre l'infant don Alphonse, frère de don Carlos, et son auguste compagne, ne sont-ils pas une preuve irrécusable de la politique déloyale du gouvernement de Madrid ?

Avec une hardiesse toute d'écolier et un étonnant mépris de sa propre dignité, don Alphonse, dans une lettre adressée à l'ex-général carliste Cabrera, désigne son cousin don Carlos de Bourbon et d'Este, descendant en ligne directe de Philippe V, sous l'épithète de prince étranger !

Le fils d'Isabelle a peut-être des raisons certaines.....

Mais passons.....

Sous ce rapport, Charles VII, roi d'Espagne de par le bon droit et de par le sang qui coule dans ses veines, n'a rien à redouter des investigations publiques? On a pu lui dérober sa couronne, mais on ne lui dérobera ni son droit, ni sa naissance, ni son honneur ; *Bourbon d'Espagne il est, et roi d'Espagne il restera jusqu'à sa mort, transmettant après lui ses droits intacts et incontestables à sa descendance.*

Quoi qu'il en soit, les cent mille baïonnettes qui l'entourent et la fidélité de ses volontaires sont, de nos jours, pour don Carlos ses meilleures lettres de naturalisation. Grâce à Dieu, il n'en est pas encore arrivé à avoir pour partisans des hommes qui ont déversé à pleines mains la calomnie et rempli d'opprobre lui et les siens !

Les excès des libéraux sur le champ de bataille imposent aux carlistes de tristes et regrettables représailles. Malheureusement, au lieu de les atténuer, don Alphonse paraît se complaire à les exciter ; qu'il y prenne garde, aussi bien sur le terrain politique que sur le terrain militaire, il pourrait être battu, car, si l'on nous oblige à prendre les armes de la diffamation, l'arsenal est au complet, nous n'aurons que l'embarras du choix !

Si don Alphonse, quand il était en exil, s'était rendu un compte exact de sa position, de celle de sa famille et de l'état de l'Europe ; si son ambition personnelle, incitée par de vulgaires conseillers, n'avait troublé ses aspirations patriotiques, aujourd'hui la guerre civile serait terminée : don Carlos aurait infailliblement écrasé la révolution prête à expirer. La réconciliation, à ce moment-là, pouvait et devait s'effectuer. Il valait mieux, dans tous les cas, pour don Alphonse, être le premier prince du sang que de se faire proclamer roi mercenaire de la démagogie.

Son devoir, comme prince catholique et comme Bourbon, était de s'unir à son noble cousin et de l'aider de tous ses efforts ; mais, si des raisons politiques ou des motifs d'intérêt personnel le détournaient de cette voie, une conduite expectante eût été préférable pour lui et pour le pays que de se faufiler illicitement sur le trône d'Espagne, à la faveur de la brèche ouverte par don Carlos et ses valeureux soldats.

Que votre ambition assume donc la reponsabilité de la nouvelle anarchie sanglante que vous provoquez !

No hay plazo que no se cumpla, ni deuda que no se pague !

D. DE CÉDRON.

54913 Imp. Ves Renou, Maulde et Cock, rue Rivoli, 144, Paris.